Les treize et une nuits

Jean-Michel Payet est né à Paris en 1955. Il a été un écolier qui espérait être dessinateur de BD avant de devenir un architecte qui pensait à être scénographe. Comme il a longtemps cru être un auteur qui illustrait, maintenant il se demande s'il ne serait pas resté un illustrateur qui écrit. À moins que ce ne soit le contraire. Il a même osé réaliser des BD sous le masque de Jim Paillette. Enfin, tout ça fait beaucoup de mystères et, pour tenter d'y voir plus clair, il écrit des livres.

Nicolas Debon est né en 1968 en Lorraine. Il a fait ses études aux Beaux-Arts de Nancy, puis a travaillé au ministère de la Culture à Lyon, avant de vivre pendant une dizaine d'années au Canada, où il a été notamment dessinateur de vitraux ! Illustrateur depuis 1998, il a publié de nombreux ouvrages nord-américains et français aux éditions Gallimard, Vilo et Bilboquet.

Dépôt légal : juin 2011
ISBN : 978-2-7470-3823-2
Loi du 16 juillet 1949 sur les publications destinées à la jeunesse.
Achevé d'imprimer par Pollina - L57492A

Les treize et une nuits

Une histoire écrite par Jean-Michel Payet
illustrée par Nicolas Debon

bayard poche

Un déménagement,
c'est comme une révolution.
Ma vie va changer, je le sais.
Au point de souhaiter
que le temps s'arrête...

Pour Brygitte
J.-M. Payet

1
Un grenier rien qu'à moi

C'étaient deux maisons assez moches. Elles se serraient l'une contre l'autre comme des sœurs bien décidées à vieillir ensemble. Et, pour vieillir, elles avaient déjà fait une bonne partie du chemin : les volets étaient de travers, une fenêtre pleurait ses carreaux et la façade avait l'air d'avoir une maladie de peau. Mais mes parents étaient ravis.

Ils avaient craqué sur une des deux baraques à cause du bout de jardin décrépi qui s'étendait derrière. Mon père faisait déjà des rêves d'endives bien alignées et de barbecue, et ma mère de *bronzing*, de framboises et de mirabelles.

L'horreur.

Avant même d'y habiter, je regrettais déjà notre appart, avec le câble, le vide-ordures et l'ADSL. Non, je n'étais pas ultra-prêt pour le grand saut dans le temps, en allant habiter chez l'arrière-grand-père de Victor Hugo. Alors, afin de regonfler mon enthousiasme, mes parents m'avaient donné tout le dernier étage pour y installer ma chambre. Et ça, c'était carrément classe. Le dernier étage, c'était le grenier. Je l'avais juste entrevu lors de la seule visite que j'avais pu faire avant l'achat, mais, maintenant que nous avions les clefs, j'avais la possibilité d'y aller tant que je voulais.

Le toit rejoignait le plancher sur trois côtés. Seule paroi verticale : le mur mitoyen avec la maison voisine, encore inoccupée. Côté rue, une jolie fenêtre ronde et, sur le jardin, un vasistas entre-

bâillé qui fuyait. Il était entendu que je devrais participer activement, comme l'avait souligné mon père, aux travaux d'aménagement. Et, pour moi qui suis bricoleur comme un bulot, cela voulait dire y passer une bonne partie des vacances d'hiver. Minimum.

Mon futur royaume était encombré d'un tas de rebuts en voie de décomposition accélérée : des chaises qui ne pourraient jamais allumer le barbecue de mon père, une pile de cartons pleins de journaux collés par l'humidité, des vestiges de vêtements dont personne ne pouvait imaginer qu'ils avaient un jour été portés par des humains responsables, un coffre en carton bouilli sans la moindre carte au trésor. Un véritable dépotoir. Le tout était gracieusement recouvert par une poussière sans couleur, épaisse, légèrement grasse et tenace.

Moi qui avais espéré faire des découvertes, j'étais bon pour une dizaine d'allers-retours jusqu'aux poubelles avec un foulard sur le nez. Et il caillait dans ce grenier ! Joyeuses vacances en perspective...

J'ai commencé à repousser ce qui pouvait l'être vers l'escalier, mais c'est lorsque j'ai voulu m'attaquer à la pile de cartons que les choses se sont compliquées : c'était lourd et l'humidité avait tout soudé au mur. Immobile et définitif. Alors, je me suis acharné. Ce n'était pas une pile de cartons qui allait décider de la déco de ma chambre ! J'ai tiré sur le bloc comme s'il faisait exprès de me tenir tête. C'était devenu une affaire personnelle. Et, d'un seul coup, ça a cédé. Je suis parti en arrière avec la pile... et une partie du mur. Crac. Un trou chez les voisins !

Couvert de poussière, je me suis relevé pour constater les dégâts. Comment un carton avait-il pu emporter un bout de mur ? Je me suis approché de l'ouverture et j'ai regardé de l'autre côté.

C'était le même grenier mais à l'envers, bien sûr. Comme dans un miroir. Il était vide, ou presque : devant la fenêtre, de grands tissus aux

motifs orientaux étaient tendus sur des fils, comme pour sécher. Moi qui suis épais comme une limande, je me suis faufilé par l'ouverture, mais j'ai culbuté et je me suis retrouvé les quatre fers en l'air.

Bizarrement, ce grenier était propre. Très propre, même. Il n'y avait aucun escalier pour y accéder. À la place, on devinait une trappe condamnée par des traverses, vissées directement dans le sol. Un lieu inaccessible, hors du temps. Et c'est alors que, derrière un des tissus, j'ai vu une silhouette se déplacer lentement.

2
Belle comme une légende

J'ai eu les chocottes grave. Ce grenier était condamné depuis des années, sans accès. Ce n'était pas possible qu'il y ait quelqu'un là. Un mannequin, peut-être ? J'essayais de me rassurer. Immobile, je retenais ma respiration. C'est alors que j'entendis :

– Vous en avez mis du temps...

C'était une voix jeune, ironique. Une fille. Je n'osais pas bouger.

La voix a continué :

– ... On ne peut pas dire que vous soyez très doués !

Était-ce à moi qu'elle parlait ? À quelqu'un d'autre ? Au téléphone ? Je me suis avancé vers les tissus et j'en ai écarté un pan.

Elle était assise là, sur une sorte de matelas,

drapée dans un de ces mêmes tissus de couleur. Elle était brune, ses cheveux longs cascadant sur ses épaules. Dans ses yeux noirs, je devinais des paillettes d'or qui faisaient étinceler son regard. « Un regard de légende », je me suis dit un peu bêtement. À peu près mon âge, treize ans.

– Salut, j'ai fait.

Elle a été surprise. Visiblement, ce n'est pas moi qu'elle attendait. Avec le contre-jour, je ne voyais pas bien ses traits, mais je savais qu'elle me regardait sans ciller. Malgré son calme, je la sentais inquiète. Et même plus que ça. Elle a enchaîné :

– *Il y avait autrefois un marchand qui possédait de grands biens, tant en fonds de terre qu'en*

marchandises et en argent comptant. Il avait beaucoup de commis, de facteurs et d'esclaves. Comme il était obligé de temps en temps de faire des voyages pour s'aboucher avec ses correspondants...

Elle parlait sans me quitter des yeux. J'avais l'impression qu'elle m'avait attendu pour me raconter son histoire de marchand. Qui était cette fille ? Que faisait-elle là ? Elle racontait avec une telle conviction que je ne me sentais pas le droit de l'interrompre. Alors, je me suis assis face à elle et je l'ai écoutée.

Elle racontait bien. Son marchand faisait des affaires et il rencontrait un génie mal embouché qui voulait lui couper le cigare pour des raisons obscures. J'ai vite compris que c'était un conte genre *Mille et une nuits*. Au moment où le génie allait tuer le marchand, elle s'est arrêtée net.

– Et après ? j'ai demandé.

– Faites ce que vous avez à faire.

– Mais la suite de l'histoire… Le marchand, il meurt ?

Elle ne m'a pas répondu.

Ses yeux ne me quittaient pas, attentifs au moindre de mes gestes.

– Je… je vais emménager à côté. Bientôt. Le grenier, ce sera ma chambre. Je m'appelle Justin.

Puis j'ai ajouté :

– Et toi ?

Elle est restée silencieuse, mais son expres-

sion a changé. Elle ne me regardait plus de la même façon. J'ai jeté un coup d'œil autour d'elle. Il y avait des paquets de biscuits, des gourdes, des bougies. Elle avait joliment aménagé son coin avec les tissus, de sorte qu'on pouvait se croire dans une tente au cœur d'un désert lointain.

– Tu vas habiter à côté ? a-t-elle fini par dire.

– Oui, avec mes parents. Ces maisons sont vides depuis longtemps, il paraît.

– Depuis cinq mois.

Cinq mois ? Je n'ai pas compris ce qu'elle voulait dire, mais j'ai enchaîné. Maintenant qu'elle était disposée à parler, j'en profitais :

– Et toi ? Tu habites où ?

Elle a encore hésité avant de répondre, puis elle a dit :

– Ici.

J'ai hoché la tête plusieurs fois. Décidément, cette fille était bizarre. Ou bien elle se moquait de moi, ou bien elle avait un grain. Mais j'étais sûr que non. Je me suis relevé :

– Alors on va se revoir. Mais il faut que j'y aille. Je dois finir de vider le grenier à côté.

Je suis retourné vers le trou dans le mur et avant de m'y glisser je lui ai lancé :

– À bientôt, Shéhérazade.

Et j'ai regagné ma future chambre.

Je crois que je n'avais jamais rencontré une fille aussi belle de ma vie.

3
Pique-nique

Évidemment, j'ai repensé à cette fille-mystère toute la soirée. Pas une fois je ne l'avais vue dans le quartier. Peut-être était-elle en vacances chez un parent ? Elle était peut-être venue dans ce grenier pour y lire tranquille. Mais par où rentrait-elle ? Par le toit ?

Le lendemain, je suis retourné à mon chantier. J'ai même obtenu la permission d'y manger le midi et j'ai emporté un pique-nique avec l'idée de le partager avec Shéhérazade. Je n'avais pas encore déblayé grand-chose dans le grenier, mais, plutôt que de me mettre au travail, j'ai voulu vérifier comment ma nouvelle voisine pouvait entrer et sortir de son repaire. Par la fenêtre, impossible : c'était vertical avec vue plongeant sur la rue. Restait le vasistas. La toiture n'avait pas une pente si forte que ça. Je m'y suis risqué. Moi qui suis agile comme une moule, ça n'a pas été si facile. Une glissade et, hop, c'était une chute de sept mètres dans le jardin. Surtout avec les tuiles qui avaient dû geler pendant la nuit. J'ai jeté un rapide coup d'œil aux deux versants de la toiture : à part l'autre vasistas, je ne voyais pas comment sortir de ce toit isolé.

Prudemment, je suis rentré dans mon grenier avant de passer chez ma voisine.

– Bonjour, j'ai lancé à travers le trou dans le mur.

Pas de réponse.

– Shéhérazade ?

Silence. Je me suis avancé vers la tente. J'ai soulevé un des pans de tissu. Vide. Rien n'avait changé. Il y avait un gros recueil des *Mille et une nuits* posé au milieu du matelas. Une édition vieillotte. Les biscuits et les gourdes d'eau. Mais de fille, pas une mèche. Il faisait très froid.

C'est alors que j'ai entendu du bruit derrière moi. J'ai vu deux jambes rentrer par le vasistas, puis un corps qui se laissait tomber dans la pièce. Une impression bizarre que, sur le moment, je ne me suis pas expliquée. Mais enfin, c'était elle.

– Salut, Shéhérazade.

– Bonjour, j'étais... là, m'a-t-elle répondu.

Elle m'a montré le toit, un peu gênée, avant d'ajouter :

– Je m'appelle Doumia.

– Salut, Doumia.

– Mais Shéhérazade, tu peux. J'aime bien aussi.

Je lui ai montré mon sac.

– J'ai apporté ça. Pour le déjeuner.

Je lui ai tendu le sac en plastique dans lequel j'avais tout mis. Un sac de Franprix qu'elle a regardé avec intérêt. C'était peut-être une simplette, après tout. Elle a fait pareil avec chaque truc qu'elle en sortait : le Mars et les M&M's, les Dinausorus, la bouteille de Coca et les mandarines, les dernières de la saison.

Elle les prenait soigneusement les uns après les autres et les examinait avec curiosité.

– D'où viens-tu ? m'a-t-elle demandé avec un air un peu suspicieux.

– Ben... de là.

Je montrais le trou dans le mur. Elle a légèrement penché la tête sur le côté, en se mordillant la lèvre inférieure. Et puis elle a effleuré du bout du doigt mes Nike et mon jean's.

– On mange ? j'ai proposé pour rompre avec cette situation embarrassante.

– D'accord.

Elle a pris le seul tissu blanc qu'elle avait à sa disposition et elle l'a étalé en guise de nappe, puis elle a disposé tout ce que j'avais apporté en y ajoutant ses pauvres gâteaux secs. Ils faisaient tout misérables. Une marque que je n'avais jamais vue. Et nous avons commencé à manger. En fait, je n'avais pas très faim. Je me contentais de regarder Shéhérazade. Elle goûtait chaque chose que j'avais apportée avec délicatesse et attention, comme si c'était la première fois qu'elle en mangeait.

– Tu vas au collège par ici ? je lui ai demandé.

– Je ne vais plus à l'école.

– Et tes parents ? Ils ne disent rien ?

– Ils sont partis. Il y a cinq mois et trois jours.

Elle souleva un des tissus et je vis sur le mur des bâtons tracés par groupes de sept. Un vrai calendrier de prisonnier, comme dans les BD. Et elle a ajouté :

– On les a emmenés. Avec les autres.

Elle croquait le Mars avec gourmandise tout en parlant :

– Comment ch'est dehors ?

– Dehors ? Mais tu en viens !

– Je veux dire, là-bas, tu sais ? Le front, les Américains, tout ça...

Et puis elle a ajouté :

– ... les Boches.

Là, je l'ai regardée bizarrement. Elle parlait comme dans les vieux films. Et puis, j'ai eu un doute, un truc impensable. C'est alors que j'ai remarqué ses chaussures et de grosses chaussettes qu'elle avait laissées dans un coin de sa tente, ses vêtements, ses gâteaux, son livre, tout m'apparaissait décalé, improbable. Vieux. J'ai ramassé le manteau qui était soigneusement plié près des chaussures. Sur le col, on voyait bien la trace d'un insigne qui avait été décousu.

Elle m'a vu faire :

– Mon père avait prévu le coup : il savait qu'un jour, il y aurait une rafle ici aussi. Il a aménagé un refuge dans la cave et puis il a eu l'idée d'en faire un autre, ici, dans le grenier des voisins. « Faut pas mettre tous ses œufs dans le même panier », il dit toujours. Quand on a entendu les camions, je suis venue ici avec mes gâteaux et il m'a donné ce livre, celui qu'il préfère, en me disant : « Avec ça, tu seras à l'abri du temps. » Puis il a muré le trou derrière moi avec du plâtre. Et il a poussé des cartons devant. Après, ils ont dû aller à la cave. Mais trop tard.

Elle a pris une rasade de Coca :

– Bizarre, ce truc ! Drôle de goût. Pas mauvais.

– Et tu es là, seule, depuis...

– Cinq mois et trois jours, oui.

– Tu sais quel jour on est ?

Pique-nique

Elle a soulevé encore une fois le tissu derrière elle :

– Le… mardi 17 février.

– De quelle année ?

– Ben… 1942.

4
À l'abri du temps...

Le soir, seul dans mon lit, je me suis repassé tout ce que j'avais vécu depuis la veille. Et c'était de la folie pure. J'étais d'accord avec Doumia : nous étions bien le mardi 17 février. Mais moi, j'étais en 2004. Pas besoin de mon agenda pour me le confirmer : l'ordinateur dans ma chambre, la télé dans le séjour, les voitures, tout me disait que j'avais raison. Alors ?

Alors je vivais un truc... impossible. Je venais d'entrer en contact avec une jeune fille juive qui se cachait dans un grenier et dont les parents avaient été déportés par les nazis ! Ou bien était-ce...

un fantôme ? Non. Un fantôme ne se régale pas avec des Mars et du Coca. Pas que je sache. Je me suis soudain souvenu d'une des phrases de son père : « Avec ça, tu seras à l'abri du temps. » Au moment d'emmurer sa fille pour la protéger d'une rafle nazie, il lui avait donné un livre plein d'histoires pour qu'elle ne s'ennuie pas, sans doute. Mais sa phrase avait-elle un autre sens ? Ou le livre avait-il un autre pouvoir : celui d'ouvrir une porte dans le temps ?

Et puis l'histoire de la toiture m'est revenue. Ce matin, lorsque j'étais monté sur le toit, il n'y avait personne, ni d'un côté, ni de l'autre, ni aux alentours. Pourtant, à peine étais-je rentré dans son grenier que Doumia avait surgi du toit. Or elle ne pouvait y être deux minutes plus tôt, sinon je l'aurais vue !

Donc c'est dans son grenier que l'on pouvait se rencontrer, et là seulement. Lorsqu'elle en sortait, elle était en 1942 et moi, en 2004. Dingue. Pour bien comprendre et réussir à y croire, j'ai dû me redire tout ça plusieurs fois : son grenier, c'était une bulle hors du temps. À l'extérieur, et même sur le toit, chacun restait dans son époque. Cela expliquait également l'impression bizarre que j'avais eue lorsqu'elle était entrée dans la pièce, ses jambes apparaissant alors que son tronc ne pouvait pas m'être visible…

Enfin, c'est ce que je me suis dit. Et puis, aussitôt, je me suis demandé ce qui allait lui arriver. Ou plutôt ce qui lui était arrivé, soixante-deux ans auparavant. Comme en Histoire je suis balèze comme une palourde, le lendemain matin, j'ai foncé à la bibli pour en savoir plus.

Il y avait tout un rayonnage de livres sur l'histoire de la ville et de la région. Et Mme Battle, la bibliothécaire, qui connaît chacun de ses livres comme si elle les avait écrits, m'a tout de suite sorti les deux plaquettes où je pourrais peut-être en savoir un peu plus. Je me suis plongé dans cette

époque d'horreur et de folie. D'horreur surtout. J'avais beau avoir déjà lu des bouquins là-dessus, vu des documentaires et des films, il y a des trucs auxquels on ne s'habitue jamais. Heureusement.

À partir de septembre 1940, on avait commencé à recenser les gens sous prétexte qu'ils étaient juifs. Les arrestations avaient débuté en 1941, en mai. Et les premiers convois pour les camps de concentration, en mai 1942. C'était donc pour bientôt. Enfin, pour les parents de Doumia.

Mais pour elle ? Que lui était-il arrivé ? Combien de temps était-elle restée dans son grenier ? Était-elle...? Je devais pouvoir apprendre ça quelque part.

– Madame Jeanne, elle, pourrait peut-être t'aider, m'a dit Mme Battle. Je sais qu'il y a eu des juifs cachés dans le quartier pendant la guerre, et elle, elle saura. Seulement...

– Seulement ?

– Elle est partie en vacances chez sa fille. Elle ne revient que dans deux semaines.

Évidemment, ça tombait mal. Deux semaines, ça pouvait être très long. Pile la durée des vacances. Et deux semaines, pour Doumia, ça pouvait être bien plus long encore... J'ai quand même emprunté quelques livres sur l'histoire du quartier, à tout hasard, et j'ai filé au grenier.

Cette fois-ci, j'avais apporté une tablette de chocolat, du poulet froid, restant de la veille au soir, un bout de saucisson et encore du Coca. Ça, elle aimait bien. Elle a tout détaillé avec attention, comme si je lui faisais un cadeau somptueux. Bon, j'ai compris qu'avec le saucisson, j'avais tout faux. Dans les trucs religieux, je m'y connais comme une praire. Et puis, je lui ai dit ce que j'avais cru comprendre de notre histoire. C'était la minute de vérité. Lorsque je lui ai appris qu'à l'extérieur du grenier elle était en 1942 et moi en 2004, je me suis dit qu'elle allait me prendre pour un dingue. Mais non. Elle m'a tout de suite cru :

– J'ai lu des histoires comme ça, de gens qui venaient du futur, comme toi.

Du futur, moi. Ça m'a fait tout drôle. J'ai eu l'impression d'être un personnage de roman. Alors, elle m'a posé *THE question* :

– Comment ça va se finir, tout ça ?

J'étais bien embêté. Je sentais que ce n'est pas bon de savoir le futur. De toute façon, il n'existe pas : il faut le construire. Mais, là, ma jolie philosophie à deux balles ne marchait plus vraiment, parce que son futur, c'était moi, et je savais. Enfin, des bouts. Le principal. Je savais la victoire des alliés, oui, mais je savais aussi les camps. Pouvais-je me taire ? Devais-je parler ? Je me suis dit que je ne lui raconterais rien, ou presque. Uniquement ce qui pourrait l'aider à tenir sans prendre de risque. Je connaissais trop ces histoires où, en changeant le passé, on se retrouve avec un présent tout tordu. Déjà qu'il est pas mal tordu, notre présent...

– L'Allemagne va perdre, j'ai dit.

Son regard a brillé d'un coup. Un sourire est venu se poser en douceur sur ses lèvres.

– Merci, m'a-t-elle répondu.

Après, elle ne m'a plus posé de questions sur son futur. Et j'ai fini le saucisson.

5
Un voyage en couleurs

Je suis revenu chaque jour, et chaque jour ce rendez-vous me devenait de plus en plus indispensable. Dans ma chambre, les travaux n'avançaient pas terrible. J'avais quand même fini par vider les ordures, laver sol et murs, et monter les pots de peinture. Mais maintenant ils attendaient sagement avec les pinceaux.

À Doumia, j'apportais des fruits. Elle s'étonnait que je puisse avoir des poires en hiver, et elle découvrait avec plaisir les mangues, les kiwis et tous ces fruits exotiques que mon père adore. Ça la faisait voyager, elle disait.

Et puis je lui avais aussi apporté une bonne couverture et un pull vert à moi.

Quand elle l'a passé, il était un poil grand mais, avec le noir de ses cheveux, elle était magnifique.

Chaque jour, elle me racontait un conte entier ou un morceau de conte. C'était notre forme de troc : un fruit pour un conte. Doumia ne voulait pas être seule à recevoir. C'était aussi une autre façon de voyager, dans l'espace, dans le temps, dans les rêves. Elle semblait prendre le rôle de Shéhérazade très à cœur. Et moi, je la regardais et je l'écoutais, béat.

– Tu ne peux pas rester là, je lui ai dit. Tôt ou tard… Ils risquent de te trouver.

– Tu sais quelque chose ?

– Non, rien. Mais…

– Je ne connais personne. Je ne sais pas où aller. Ni chez qui.

Et puis elle a ajouté :

– Je suis bien ici.

À ça, je n'ai pas su répondre. Lui dire que pour moi, ce grenier, c'était plus que bien, mais que ça ne m'empêchait pas d'être inquiet. Pour elle. Je me sentais terriblement inutile. Impossible de lui proposer une situation de repli plus sûre et confortable, ni de lui donner une adresse : tous les gens que je connaissais n'étaient pas encore nés pour elle. Et ma grand-mère devait avoir dans les quatre ans... Vertige. Il y avait bien une de mes arrière-grand-mères qui n'habitait pas loin, à l'époque, mais dont je ne savais pas grand-chose. Et puis, de toute façon, il m'était assez difficile de lui faire un mot de recommandation. Pour moi, elle était morte une dizaine d'années auparavant...

Alors, j'ai eu une idée. Pas un truc grandiose, mais bon. Pour oublier un peu cette inquiétude, j'ai apporté mes pots de peinture et on a commencé à repeindre son grenier, qui était quand même sinistre. Elle en avait plus besoin que moi. Comme mes parents m'avaient laissé le choix pour les couleurs, nous avons pu transformer le décor à fond. Le plancher s'est

teinté en sable du désert et le plafond a pris le bleu sombre de la nuit arabe. Quant au mur mitoyen, il s'est orné du vert, du blanc et de l'or des carrelages andalous, des zelliges mauresques[1], des mosaïques persanes ainsi que des fresques mogholes[2]. Ça nous a pris un bout de temps, mais le résultat était à la hauteur. Quand nous avons fini, il semblait faire un peu moins froid dans ce grenier. J'avais l'impression d'être dans un décor du *Petit Prince*, mais je ne le lui ai pas dit : pour elle, ce bouquin n'était pas encore écrit.

1. Zelliges : carreaux de brique émaillés, servant à la décoration de monuments ou d'intérieurs marocains.
2. Fresques mogholes : la dynastie musulmane des Grands Moghols régna sur l'Inde de 1526 à 1857.

Un voyage en couleurs

Les vacances ont coulé comme ça, sans que je m'en rende vraiment compte. Pourtant, il y avait toujours cette question au fond de moi : jusqu'à quand ? Je savais bien que cette histoire devrait s'arrêter. Mais quand ? Oui, quand ? Et comment ? Pour Doumia, la guerre devait encore durer près de trois ans, et trois ans dans un grenier, ce n'était pas imaginable.

Et puis il y a eu ce dernier week-end des vacances, où ma mère a absolument tenu à ce que nous allions rendre visite à sa mère. À Dijon.

Ma grand-mère, elle est du genre top, mais, là, j'avais l'impression d'abandonner mon poste. Le vendredi, j'ai apporté un tas de provisions à Doumia ainsi que quelques livres qui ne risquaient pas de dévoiler son futur. Et je suis parti. Au bout de vingt kilomètres, elle me manquait déjà. Et même au bout de cinq. De deux.

6
Un Désert pour deux

C'est long, un week-end. Surtout quand vous avez une Doumia qui vous attend dans un grenier de 1942. Alors j'ai branché Mamie sur le sujet qui m'occupait : la guerre de 40. Comment c'était et tout ça. Bon, elle était trop mouflette à l'époque pour avoir beaucoup de souvenirs. Sa guerre, elle l'avait passée dans la ferme de ses parents, Édouard et Antoinette, où l'on ne manquait presque de rien. Pour elle, c'était même une période top : pas d'école pendant des mois, une guerre qui semblait lointaine, et, avec leur potager et la basse-cour, ils n'avaient jamais eu à se plaindre.

Je pensais qu'au même instant Doumia, elle, pour se nourrir devait aller chaparder la nuit si elle ne voulait pas se contenter de ses gâteaux tout secs. C'était comme ça qu'elle avait réussi à tenir, en allant récupérer des tissus dans son logement déserté et en allant dérober ce qu'elle pouvait pour subsister. Et combien d'autres personnes, à la même époque, vivaient ainsi, terrées, manquant de tout ?

Mamie m'a raconté aussi ce qu'on lui avait dit après : ses parents avaient abrité des Résistants en les cachant dans la grange et en les nourrissant le temps qu'il fallait. Mais pour Antoinette, sa mère à elle, tout ça était normal.

En rentrant en voiture le dimanche soir, ma mère m'a décrit la ferme, qu'elle avait un peu connue et qui appartenait maintenant à un cousin. Elle n'était pas si loin de chez nous. Moi, je n'écoutais plus que d'une oreille. J'avais le bourdon : le lendemain, c'était la rentrée et je ne savais pas quand je pourrais retourner au grenier.

J'ai quand même réussi à y passer le soir du lundi. Je finissais à 16 heures. C'était jouable. Je n'avais que mon goûter et des fruits que j'avais gardés de la cantine. Nous avons donc pique-niqué au milieu de notre désert, sur le sable fin qu'était devenu, pour nous, le parquet pourri. Nous n'avons pas dit grand-chose au début. Juste le plaisir de nous retrouver. Et puis, je lui ai parlé de la ferme de mon arrière-grand-mère que je ne connaissais pas. Je lui ai même donné un plan pour y aller, au cas où.

J'ai insisté :

– Tu ne devrais pas rester ici.

– Pourquoi ? Tu sais quelque chose ?

– Non, mais...

– Tu en as assez de me voir, alors ?

– Non, justement ! Je...

Mais, là, je ne pouvais pas finir ma phrase. Je savais que, si elle quittait le grenier, je ne pourrais plus la retrouver. Mais, si elle restait, à tout instant elle risquait l'arrestation et un destin sans nom. Et comment lui dire tout ça, moi qui ne connaissais ni son époque, ni son histoire... J'avais peur pour elle. Alors, je lui ai donné le livre que j'avais apporté. Un truc qu'elle ne pouvait pas avoir lu. Je ne savais pas ce que ça donnerait, ni même si c'était une bonne idée, mais je me disais qu'il y avait dedans des mots que je ne pourrais pas dire. Des choses qu'elle comprendrait mieux que moi. C'était *Le journal d'Anne Frank*. Elle l'a retourné entre ses mains, légèrement intriguée, et m'a dit :

– Je le lirai. Plus tard.

Puis, comme pour me remercier, elle me raconta l'histoire du dormeur éveillé :

– *Sous le règne du calife Haroun-ar-Rachid, il y avait à Bagdad un marchand fort riche dont la femme était déjà vieille. Ils avaient un fils unique nommé Abou Hassan...*

7
La rafle

Le mardi, galère. Je finissais tard et ma mère s'était mis dans la tête d'aller m'acheter une nouvelle paire de chaussures. Pour ce que c'est intéressant, des chaussures ! Je connaissais quelqu'un qui avait plus besoin que moi de vêtements... Mais il m'a fallu y aller. Et la soirée s'est enchaînée sans que je puisse retourner au grenier. J'avais beau me dire que Doumia, si elle avait passé cinq mois là-haut toute seule, tiendrait bien une soirée sans moi, ça ne me plaisait pas.

Le lendemain, mercredi, j'avais cours le matin et rendez-vous l'après-midi avec la bibliothécaire.

Nous devions rencontrer cette Mme Jeanne qu'elle m'avait présentée comme la mémoire vive du quartier. La mémoire vive avait un tas de cheveux tout blancs ramassés en chignon, et des joues rondes légèrement roses. Mamie Nova. Sauf qu'on la sentait plus investie dans la misère du monde que dans les yaourts.

Cette histoire de juifs cachés, elle s'en souvenait bien : « Comme si c'était hier ! » Elle a dit :

– Tu parles, j'avais vingt ans. Ça m'a marqué. Et pas seulement moi. Le 14 septembre 1941, oui. Il y a eu la première rafle dans le quartier. Une soixantaine de personnes. Ils ont été emmenés un matin. Des gens avec lesquels nous vivions tous les jours. Ils sont partis sous nos yeux. On ne les a jamais revus.

Elle parlait par petits bouts de phrases, comme des cubes qu'elle assemblait les uns après les autres pour reconstituer sa mémoire.

– Les Hirsch habitaient la maison dont tu parles. Je les ai vus comme je te vois. Monter dans le camion, poussés par les Allemands. Sans leur fille. Tout de suite je me suis demandé : « Doumia, où est-elle ? » Était-elle déjà dans le camion ? Ou bien... ? Pendant les semaines qui ont suivi, je suis passée devant leur maison. Vide, toujours. Jamais de lumière. Il a fait froid, l'hiver 41-42. Et ce n'était pas qu'une histoire de température, non.

Je l'écoutais et j'imaginais Doumia, drapée dans ses pauvres tissus, se réchauffant au seul soleil des *Mille et une nuits*.

– C'est un Français qui l'a donnée. Un bien discipliné. Un qui sait obéir aux ordres. Un qui ne réfléchit pas plus loin que le bout de son règlement. Tarpin, qu'il s'appelait. Je dis son nom parce que pour moi, pour ça, il n'y a pas de pardon. Il travaillait à la mairie à contrôler les listes dressées par les Allemands. Et c'est lui, Tarpin, qui

a signalé que les Hirsch avaient une fille. Les Allemands, qui aimaient bien que la réalité corresponde aux listes de l'administration, eh bien, ils sont retournés sur place ! Et, comme ils n'aimaient pas qu'une gamine leur échappe comme ça, ils ont mis les grands moyens. Et ils l'ont trouvée. Murée dans le grenier des voisins, qu'elle était...

Doumia.

Voilà comment ça allait se terminer, arrêtée par les Allemands. Il fallait que je la prévienne, qu'elle fasse quelque chose. Qu'elle parte du grenier. Vite.

– Quand a-t-elle été arrêtée ? Quel jour ?

J'avais interrompu Mamie Nova un peu brutalement. Elle m'a regardé avec étonnement. Pourquoi une telle hâte pour des événements vieux de plus de soixante ans ? Mais elle ne s'est pas offusquée :

– Le 4 mars au matin, elle m'a dit sans hésiter. Tout est gravé là.

Elle m'a montré sa tempe et a ajouté : « Comme si c'était hier. » Et là je me suis dit : « Le 4 mars ? Mais c'est demain. »

Je suis parti de la bibli en courant. À peine un merci à Mamie Nova. Enfin, à Mme Jeanne. Et j'ai couru, la peur au ventre. Moi, dans mon année 2004, je devais faire quelque chose pour sauver Doumia, là-bas en 1942. Si loin et toute proche. Mais quoi ? Comment ? La prévenir. Lui dire de partir, de se débrouiller. Je ne pouvais rien faire d'autre.

Nous avions encore l'après-midi et la soirée. Je suis repassé par la maison pour prendre tout ce dont elle pourrait avoir besoin. Dans un sac, j'ai jeté des boîtes de conserve, sardines, fruits au sirop. Ce que je pouvais. Et un ouvre-boîtes, mon couteau suisse, un de mes pulls. Je cherchais ce qui pouvait être indispensable. Une grosse boîte d'allumettes, une lampe-torche et des piles, le pain de campagne qu'adore mon père. Du fromage. Des chaussettes. J'entassais les trucs comme ils me venaient. Une carte routière.

Puis j'ai filé vers le grenier. Vers Doumia.

8
Doumia ? Sarah ?

J'ai tout de suite su. Trop tard. Le grenier était vide. Le matelas retourné, les tissus jetés en tas dans un coin. Elle avait pu emporter les quelques provisions qui lui restaient. Mais pas son livre. Il était, lui aussi, abandonné sur le parquet, ouvert, corné. Je l'ai ramassé, j'ai lissé les pages et sur la première j'ai lu : *Justin, adieu. Et merci.* C'était signé : *Shéhérazade.* Elle avait eu le temps d'écrire ça. Je me suis assis sur le matelas et je me suis interdit d'imaginer ce qu'elle était en train de vivre. Ou, du moins, ce qu'elle avait vécu à ce moment-là. J'ai préféré repenser à notre tente dans le désert et aux histoires qu'elle me racontait.

C'est le soir que j'ai compris mon erreur. Les jours et les dates de 1942 et 2004 correspondaient bien sauf que... Sauf que 2004 était une année bissextile, et 1942 non. Nous, nous avions eu un 29 février. Résultat, le mercredi 3 mars, lorsque je rencontrais Mme Jeanne, c'était le mercredi 4 dans le grenier de 1942. Mais ces histoires de dates, cela changeait-il quelque chose à l'Histoire ? Ce qui s'était passé avait eu lieu soixante-deux ans plus tôt. Maintenant, c'était fini. Oui. Soixante-deux ans, mais, pour moi, j'avais encore entendu la voix de Doumia deux jours plus tôt. Une dernière fois.

Jeudi, collège. Fallait bien. Pas trop parlé aux autres. Impossible de leur expliquer mon histoire.

Mes copains
croyaient que je faisais
la gueule. Ou que j'étais malade. Pas envie de les contredire. Je suivais les cours au radar sans faire attention à eux. À la récré, je me suis mis à l'écart près des platanes, avec le livre. Aboul Hassan,

Nourredin ou la princesse de Deryabar étaient les seuls copains que j'acceptais d'entendre. Avec Ali Baba, Sindbad et Aladin, à la rigueur.

C'est après, au cours d'Histoire, que je l'ai vue. Elle était assise au premier rang. Moi, au troisième. De dos, je ne voyais que ses cheveux longs et noirs qui cascadaient sur ses épaules. J'ai eu un coup au cœur. Qui était-ce ? Je ne l'avais encore jamais vue ici. Se pouvait-il que...? J'ai demandé à Jock, qui est assis à ma gauche :

– La fille au premier rang, qui c'est ?

Il m'a regardé comme si j'avais un bigorneau dans l'oreille.

– Tu blagues ? On est ensemble depuis la maternelle...

C'est alors qu'elle s'est retournée pour ramasser un truc. Ce n'était pas elle. Évidemment, ce n'était pas elle, Doumia. Ça ne pouvait pas être elle. Mais, un instant, j'avais voulu croire...

« Depuis la maternelle », avait dit Jock ? Après, il m'avait donné son nom : Sarah. Moi, je ne la connaissais pas, cette fille. À la fin des cours, je l'ai suivie jusqu'à la sortie. Son sac en bandoulière lui battait régulièrement les reins. Elle portait un large jean's et, sous une doudoune matelassée, un bustier court qui révélait son nombril. Elle était mignonne en tout cas. Très. À la sortie du collège, elle s'est retournée brusquement, comme si elle savait que j'étais derrière elle. Elle m'a lancé un sourire ironique et complice à la fois. Intrigant.

– Tu viens, Justin ?

En tout cas, elle connaissait mon nom. J'ai marché à côté d'elle sans dire un mot, jusqu'au square de la Libération. Elle m'a tenu le portillon, puis nous avons fait quelques pas. Il n'y avait personne, sauf cette vieille plus loin devant nous, assise sur le banc. J'ai continué à avancer, mécaniquement. Sarah est restée en retrait derrière moi. Elle a juste dit :

– Ma grand-mère voulait te parler.

Et, sans savoir, je savais déjà. La vieille dame restait immobile, me regardant venir. Lorsque j'ai été assez près, j'ai vu que ses yeux brillaient. Des yeux noirs avec des paillettes dedans. Ça pleure

facilement, les vieux. Dans ses mains, elle tenait un livre. Je l'ai reconnu tout de suite. *Le journal d'Anne Frank*. Plutôt élimé.

Elle a pris ma main. La sienne était toute sèche, plissée.

– C'est grâce à lui que je suis partie, m'a-t-elle dit en me montrant le livre. Et que j'ai tout compris.

Moi, je ne disais rien. Peut-être à cause de la boule dans ma gorge. Elle a continué :

– Après, j'ai trouvé la ferme de ton arrière-grand-mère. Elle était formidable, Antoinette...

Elle parlait prudemment. C'était une voix qui avait traversé la vie. Mais, derrière elle, ou plutôt dedans, j'entendais une autre voix, beaucoup plus jeune. Je ne voyais plus les cheveux gris, ni les rides, ni ses vêtements de vieille. Je voyais une jeune fille dans une tente de fortune, au milieu d'un grenier peint aux couleurs du désert.

– Alors ? j'ai demandé. Que s'est-il passé quand...

– Quoi ?

– ... quand Abou Hassan a invité le calife Haroun-ar-Rachid à sa table ?

(Les extraits des Mille et une nuits *sont ceux de la traduction d'Antoine Galland, publiée dans la collection GF-Flammarion.)*

bayard
J'AIME LIRE
Des premiers romans à dévorer tout seul !
Vie quotidienne
Attention, fragile !
Copain !
Humour
Alerte : Poule en panne !
Crapounette se jette à l'eau
Frisson
L'île des Géants
Qui a peur du Jurugugu ?
Conte
Le trésor de Piet
Mon aventure sous la terre
Aventure
Lucien chez les As
Émilien et le terreau magique

J'aime Lire PLUS

Encore plus de lecture !

Des histoires plus longues pour les lecteurs gourmands !

Des textes plus longs que les J'aime Lire classiques, toujours illustrés, pour les lecteurs confirmés, qui ont envie d'aventure, de frissons, d'histoires de la vie de tous les jours.

64 pages

bayard

TU AS AIMÉ CE ROMAN ?

DÉCOUVRE LE MAGAZINE

DLire

Dialogue
avec la rédac'
sur **blog.dlire.com**

Tous les mois chez ton marchand de journaux ou par abonnement sur **www.dlire.com**